まちごとチャイナ

三峡下り（重慶〜宜昌）
Chongqing 003 Sanxia

長江「悠久」

Asia City Guide Production

【白地図】重慶

CHINA
重慶

重慶

Sanxia

白地図

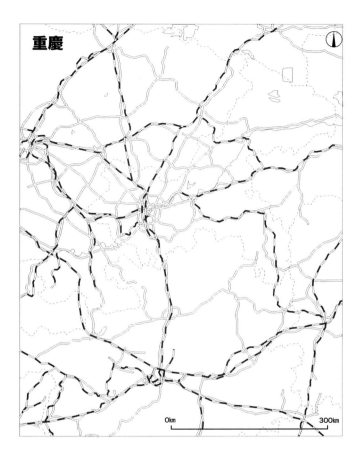

【白地図】三峡下り

CHINA
重慶

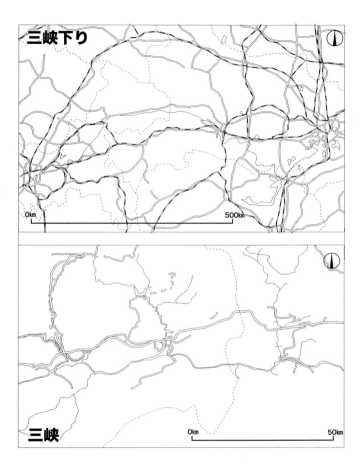

【白地図】重慶市街

CHINA
重慶

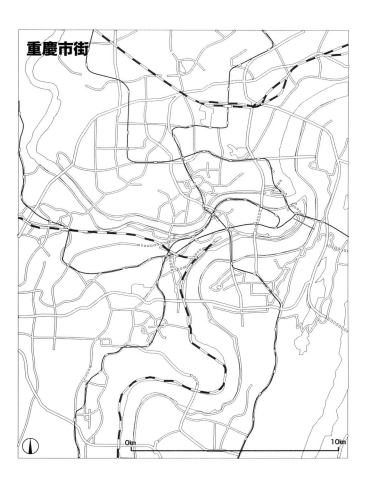

重慶市街

Sanxia 白地図

【白地図】重慶～万州

CHINA
重慶

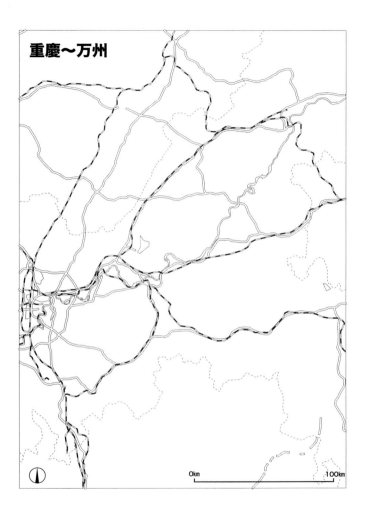

【白地図】万州区

CHINA
重慶

万州区

Sanxia 白地図

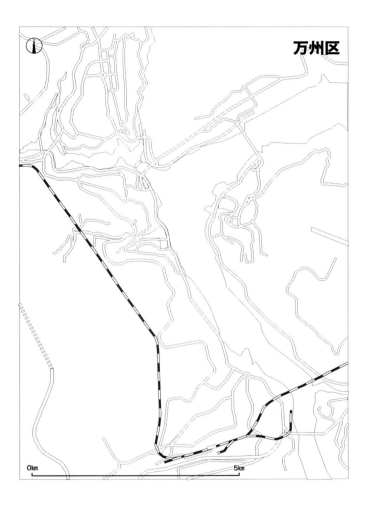

【白地図】万州～巫峡

CHINA
重慶

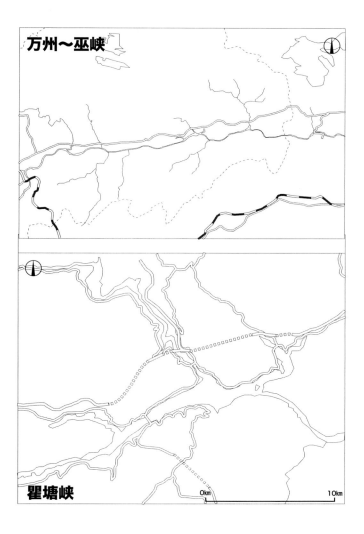

【白地図】小三峡

CHINA
重慶

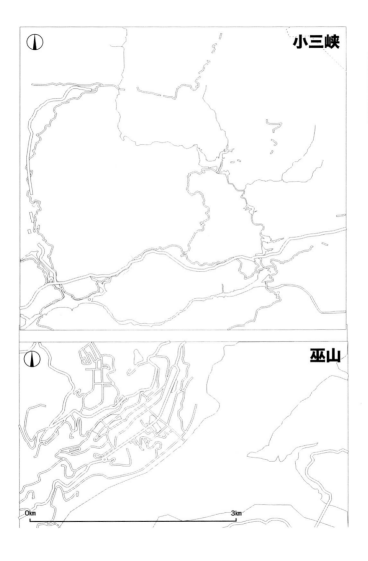

小三峡

巫山

Sanxia 白地図

【白地図】巴東～三峡ダム

CHINA
重慶

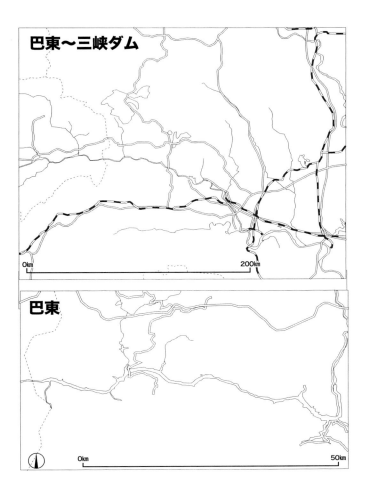

【白地図】三峡ダム

CHINA
重慶

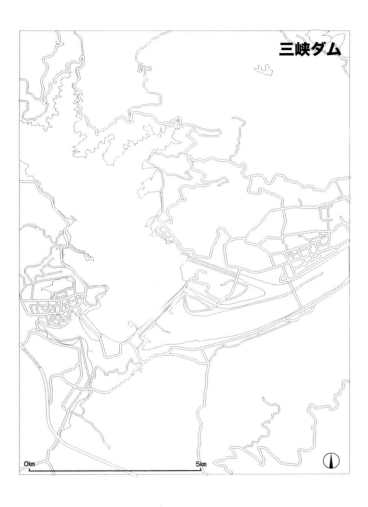

【白地図】宜昌

CHINA
重慶

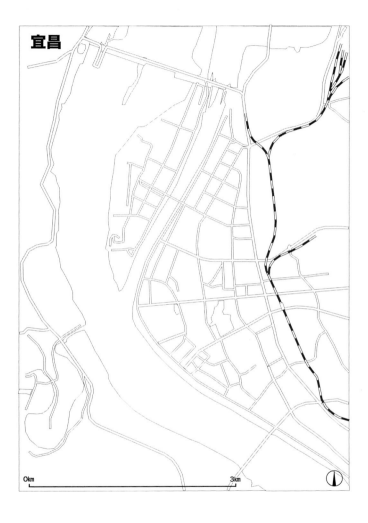

【白地図】宜昌～武漢

CHINA
重慶

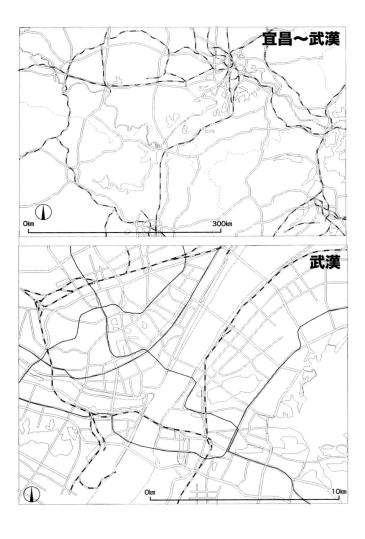

【まちごとチャイナ】
重慶 001 はじめての重慶
重慶 002 重慶市街
重慶 003 三峡下り（重慶〜宜昌）
重慶 004 大足

CHINA
重慶

チベット高原に発し、重慶、宜昌、武漢、上海へと流れる全長6380kmの大河長江。とくに四川盆地から平原へ出る地にあたる瞿塘峡、巫峡、西陵峡の三峡は長江でもっとも美しく、流れが急な難所として知られてきた。

三峡付近の峡谷では両岸から断崖絶壁がせまり、その景観は杜甫や李白、白居易といった唐代の詩人たちにたたえられてきた。また三国時代に劉備玄徳が没した白帝城や、劉備の武将である張飛廟が残るなど『三国志』に関係する遺構も多く残る。

三峡下り
三峡 sān xiá サンシィア **San Xia**

　こうしたなか、2009年に中国随一の大河長江をせきとめる世界最大級の三峡ダムが建設されたことで、長江の水位が上昇し、多くの街や遺構が水没した。三峡の景観は随分と変わり、小三峡や小小三峡などの新しい景勝地が注目され、宜昌（湖北省）から重慶まで大型船が往来するようになった。

【まちごとチャイナ】
重慶003 三峡下り（重慶〜宜昌）

目次

三峡下り ……………………………………………………… xxiv

音に聞こえる三峡へ ………………………………………… xxx

重慶万州城市案内 …………………………………………… xxxix

万州巫峡城市案内 …………………………………………… liv

巴東三峡ダム城市案内 ……………………………………… lxxiv

巨大ダムの建設と誕生 ……………………………………… lxxxix

宜昌武漢城市案内 …………………………………………… xciii

歴史と文学堪能の旅 ………………………………………… ciii

【MEMO】

【地図】重慶

【地図】重慶市街の [★★★]
- [ ] 重慶 重庆 チョンチン

【地図】重慶市街の [★★☆]
- [ ] 万州区 万州区 ワンチョウチュウ

【地図】重慶市街の [★☆☆]
- [ ] 涪陵 涪陵 フウリン
- [ ] 豊都 丰都 フェンドゥ
- [ ] 忠県 忠县 チョンシィアン
- [ ] 奉節 奉节 フェンジエ

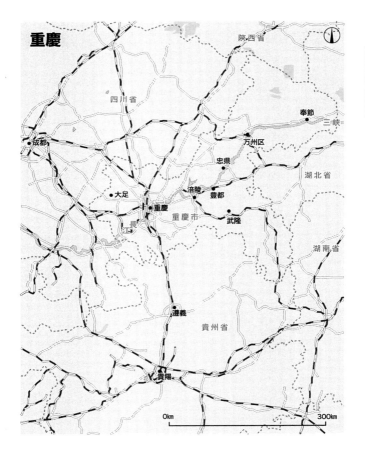

音に聞こえる三峡へ

CHINA
重慶

中国随一の流れをもつ悠久の大河長江
唐代の詩人はそのほとりの景観を詠い
また三国志をはじめとする歴史の舞台となってきた

悠久の大河長江

華北平原を流れる黄河に対して、江南を潤す中国随一の大河長江（中国では川を北方では「河」、南方では「江」と言う）。その流域に恵みをもたらし、ときに洪水被害をあたえることから、長江は荒れ狂う龍にもたとえられる。源流のあるチベット高原から重慶までの川幅は狭く、三峡を越え、下流にいたれば川幅は1kmを超し、河口部では91kmになる。長江はその流域ごとに大きく姿を変え、古来から漁業や農業用水で使われ、物資を運ぶ交通網として利用されてきた。中国沿岸部と内陸部を結ぶ黄金水道と呼ばれ、竜頭の上海から龍尾の重慶まで2500kmの距離がある。

▲左　内陸最大の都市重慶から三峡下りははじまる。　▲右　客船、業務用の船などさまざまな船が往来する長江

三峡とは

三峡はかつて四川省の一部だった重慶市の白帝城から、湖北省西部の南津関にいたる240kmの峡谷で、とくに両岸から絶壁がせまる瞿塘峡、巫峡、西陵峡をさす(前者ふたつが重慶市、後者が湖北省に位置する)。美しい地質が連なるこのあたりは長江が大巴山脈を横切って湖北平野に流れ出るところで、三峡を抜けると長江は一気に川幅を拡大させる。2009年の三峡ダムの完成で水位があがったが、川幅が狭く暗礁の多い三峡は古来、水夫たちを苦しめた長江最大の難所でもあった。

【MEMO】

CHINA
重慶

長江と黄河

【地図】三峡下り

【地図】三峡下りの ［★★★］
- ☐ 重慶 重庆 チョンチン
- ☐ 瞿塘峡 瞿塘峡 チュウタンシィア
- ☐ 巫峡 巫峡 ウゥシィア
- ☐ 西陵峡 西陵峡 シィイリンシィア
- ☐ 武漢 武汉 ウゥウハァン

【地図】三峡下りの ［★★☆］
- ☐ 万州区 万州区 ワンチョウチュウ
- ☐ 小三峡 小三峡 シャオサンシィア
- ☐ 小小三峡 小小三峡 シャオシャオサンシィア
- ☐ 三峡ダム 三峡大坝 サンシィアダァアバア

【地図】三峡下りの ［★☆☆］
- ☐ 豊都 丰都 フェンドゥ
- ☐ 巴東 巴东 バァアドン
- ☐ 宜昌 宜昌 イィチャン
- ☐ 荊州 荆州 ジンチョウ

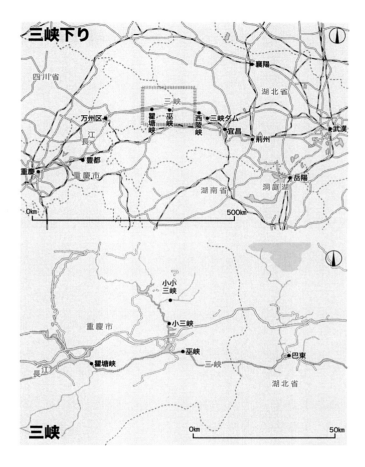

CHINA
重慶

世界最大の三峡ダム

膨大な水量を電力に使うこと、農業用水としての利用、洪水対策など、長江の開発は中国の悲願であった。三峡ダムは1919年に孫文によって提唱されて以来、90年が過ぎた2009年に完成した。全長1983m、高さ185mの世界最大規模のダムで、発電量は846億キロワットになる。三峡ダムから600km上流の重慶までを貯水湖とし、水位が上昇した長江をたどって大型船が重慶に到達できるようになった。一方、ダムの建設にあたって、多くの村や遺構が水没し、生態系への影響も大きかったという。

【MEMO】

CHINA
重慶

Guide,
Chong Qing -Wan Zhou
重慶万州
城市案内

三峡下りの起点となる重慶

嘉陵江と長江が合流する内陸の港町で

ここから650km下流の宜昌へと向かう

重慶 重庆 chóng qìng チョンチン ［★★★］

重慶は上海から長江をさかのぼること2500kmに位置する内陸都市（北京、上海、天津に続く直轄市）。嘉陵江と長江が合流する地点の朝天門がこの街の歴史的な港で、岩山に街が展開することから「山城」と呼ばれる。多くの船が往来し、長江を通じてもたらされた物資を竹の棒で運ぶ労働者「棒棒（バンバン）」の姿も見られる。成都や雲南方面などへの起点にもなり、三峡ダムの完成以来、大型船が重慶まで遡行できるようになった。

【地図】重慶市街の [★★★]

- [ ] 重慶 重庆チョンチン

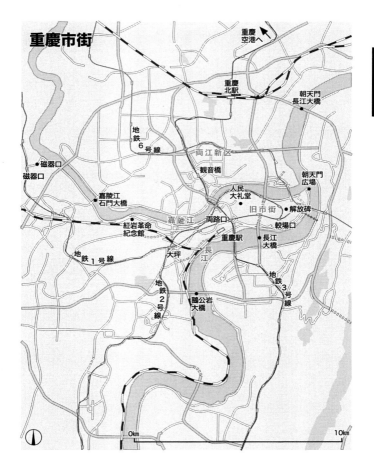

【地図】重慶～万州

【地図】重慶～万州の ［★★★］
- [ ] 重慶 重庆 チョンチン

【地図】重慶～万州の ［★★☆］
- [ ] 万州区 万州区 ワンチョウチュウ

【地図】重慶～万州の ［★☆☆］
- [ ] 長寿 长寿 チャンショウ
- [ ] 涪陵 涪陵 フウリン
- [ ] 豊都 丰都 フェンドゥ
- [ ] 忠県 忠县 チョンシィアン

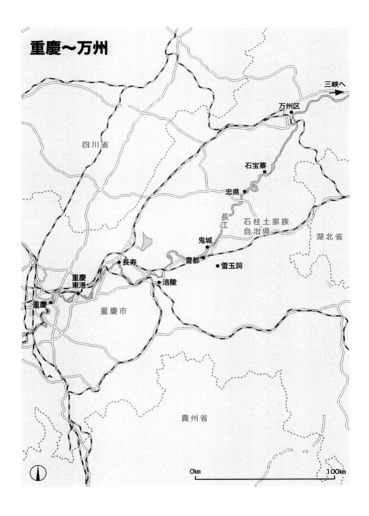

CHINA
重慶

長寿 长寿 cháng shòu チャンショウ ［★☆☆］

重慶市街から100kmほど離れ、「長寿伝説」が伝えられる長寿の街。明代、この地を訪れた官吏が150歳になる老人と出会い、それを皇帝に報告したところ、長寿と名づけられた（それ以前は楽温と呼ばれていた）。三峡ダムの建設で、古い街は水没し、丘陵に新市街がつくられた。

涪陵 涪陵 fú líng フウリン ［★☆☆］

南から流れる烏江が長江に合流する地点に開けた涪陵。巴国の都がおかれるなど2000年以上の歴史をもつ街で、北宋代、

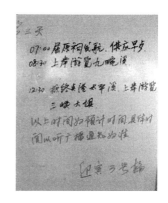

▲左 「霧の都」重慶が三峡下りの出発点になる。　▲右 何時にどこへ着く、ホワイトボードに記された行程表

哲学者の程頤がここに左遷されたこともある。この街の名産としてザーサイが知られ、19世紀なかばからザーサイがつくられている（ザーサイは青頭菜の根を岩塩などで熟成させる）。また三峡ダムの影響で水中に沈んだ白鶴梁水題刻、対岸の北山山腹にある点易洞なども位置する。古く三峡とは重慶からこの涪陵（巴の三峡）までをさし、現在の三峡（巴東の三峡）をさすようになったのは5世紀ごろからだという。

豊都 丰都 fēng dōu フェンドゥ [★☆☆]

閻魔大王の伝説が伝えられ、冥界が再現された鬼城が位置す

CHINA
重慶

る豊都。長江をはさんで豊都の街は南側に、鬼城は北側の平都山(豊都山)にあり、その山上には唐代に創建された道観が立つ。ここは死者の霊魂が集まる場所とされ、冥土の主催者として知られる道教の神様豊都大帝がまつられている（中国では死者の霊を鬼と言い、道教の豊都大帝は仏教の閻魔大王と同一視される）。鬼城の井戸は海に通じているとされ、ここから小動物などを投げ込むと翌日には長江に浮かびあがるという。また豊都から龍河を南にくだったところには中国最大規模の鍾乳洞、雪玉洞が位置する。

Sanxia 重慶万州城市案内

▲左　暗礁を示す標識、長江を行き交う船に伝える。　▲右　船の出迎え、銅鑼と太鼓が鳴る

冥府へと続く聖域

中国の南北で大きくふたつの冥界への信仰系統があり、北方では山東省泰山が、南方ではこの豊都が聖地とされている（現世と冥界の境界と考えられている）。中国では古くから死者の霊魂は山へ向かうと考えられ、とくに平原部から見て三峡より奥の四川盆地は異民族が多く暮らし、人間と鬼が雑居するような特異な場所とされてきた。道教では冥界のことを豊都と言い、古く豊民洲（砂岸台地）と呼ばれたこの地が唐代から南宋時代に道教の豊都と重ねて見られるようになった。

忠県 忠县 zhōng xiàn チョンシィアン ［★☆☆］

重慶市街から長江を180kmくだった地に位置する忠県。古代巴国の都がおかれるなど2000年以上の歴史をもち、長く忠州として知られていた。忠県の港からさらにくだった長江北岸には、岩山を利用して立つ12階建て（高さ56m）の楼閣、石宝寨が残っている。

この地に生きる土家族

忠県東側にはこの地方の少数民族である土家族の自治県がおかれている。土家族は古くから重慶市、湖北省、湖南省、貴

重慶万州城市案内

州省が交わるこの地方の山村に暮らし、それぞれ自治州や自治県を形成している（同様に苗族も多く暮らすため、同一視されることもあった）。踊りや唄を得意とし、彼ら独自の言語土家語をもつが、長いあいだ漢族と隣接して暮らしてきたことから、現在ではほとんどの人が中国語を話す。

万州区 万州区 wàn zhōu qū ワンチョウチュウ ［★★☆］
万州区は、重慶と宜昌を結ぶ水上交通の要衝（かつては万県の名前で呼ばれていた）。古くから長江を行き交う船の中継地点として知られた街で、三峡ダムの建設で古い街は水没し

【地図】万州区

【地図】万州区の ［★★☆］
- 万州区 万州区ワンチョウチュウ

CHINA
重慶

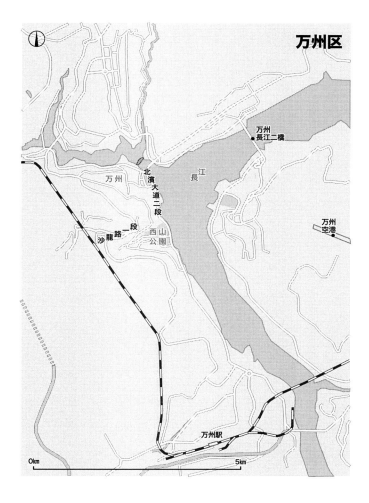

CHINA
重慶

たが、高台に新市街がつくられた。街の郊外には李白が読書をしたという太白岩が残っている。

船の出発の儀式

長江では各地に難所があり、座礁や転覆、また盗賊に襲撃される心配があった。そのため航行する船の無事を祈って、長江の神様に豚や鳥などの犠牲を捧げる儀式が行なわれた（難所中の難所では船が行列をつくることもあったという）。出発にあたっては唄や踊りがふるまわれ、銅鑼や爆竹を鳴らして船は盛大に送り出された。

Guide,
Wan Zhou-Wu Xia
万州巫峡
城市案内

CHINA
重慶

李白が詠んだ白帝城を発つと両岸には絶壁がせまり
「三里行けば曲がり、五里行けば浅瀬」
と言われた三峡へ入る

雲陽 云阳 yún yáng ユンヤン ［★☆☆］

万州区から50kmほどくだったところに位置する雲陽。三国志の「蜀の武将」張飛の首がここに流れつき、そのとき張飛廟が建てられた（221年、関羽の仇討ちのための呉討伐の際、部下に暗殺された）。その後、1870年の洪水で流されるなどしたが重修され、この地方の人々の信仰を集めている。雲陽は湿度が高く、重慶より夏の暑さが厳しいという。

万州巫峡城市案内

奉節 奉节 fèng jié フェンジエ ［★☆☆］

ちょうど三峡西側に入口に位置する奉節。この街を過ぎると、長江の両岸に高い山々がそびえ峡谷へと入っていく。奉節から東5kmの地点に長江に面した要衝として2000年の歴史をもつ白帝城が残り、三国時代の劉備玄徳や諸葛孔明にまつわる遺構が見られる。白帝城はかつて長江に面した山城だったが、三峡ダムの完成で浮島のようになっている。また奉節近郊で収穫されるオレンジは有名で、奉節ではその果物を売る人々の姿もある。

【地図】万州〜巫峡

【地図】万州〜巫峡の ［★★★］
- ☐ 瞿塘峡 瞿塘峡チュウタンシィア
- ☐ 巫峡 巫峡ウゥシィア

【地図】万州〜巫峡の ［★★☆］
- ☐ 万州区 万州区ワンチョウチュウ
- ☐ 白帝城 白帝城バイディイチャン
- ☐ 小三峡 小三峡シャオサンシィア

【地図】万州〜巫峡の ［★☆☆］
- ☐ 雲陽 云阳ユンヤン
- ☐ 奉節 奉节フェンジエ
- ☐ 大渓文化遺址 大渓文化遺址 ダァシィウェンファアイィチィ
- ☐ 巴東 巴东バァアドン

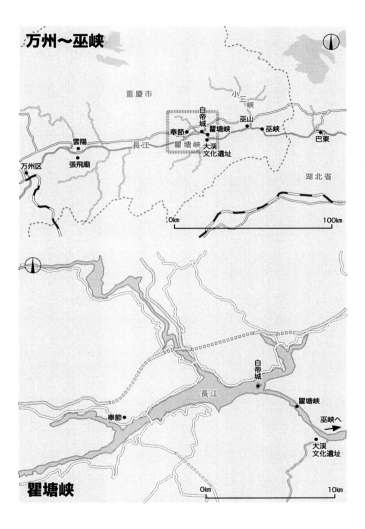

万州巫峡城市案内

CHINA
重慶

白帝城 白帝城 bái dì chéng バイディイチャン ［★★☆］
長江に浮かぶ白帝城は、36年に王莽政権から独立して蜀で皇帝を称した公孫述に築かれて以来、四川と江南を結ぶ要害として知られてきた。白帝城という名前は、公孫述が井戸から立つ白龍のような煙を見、自らを白帝と呼んだことにちなむ（陰陽五行説で蜀のある西方は「白」を象徴する）。以後、劉備玄徳も白帝城に拠点をおき、223年、呉の遠征に敗れた劉備玄徳はここで病没した。劉備玄徳や諸葛孔明の塑像が安置された明良殿、諸葛孔明や李自成が星を観察したという観星亭が残る（明代の1558年に改築された）。

▲左 劉備、関羽、張飛、三国志の英雄たち。　▲右　三国志の武将、張飛廟、武勇で知られた

劉備玄徳の最期

呉遠征で敗れた劉備玄徳がふたりの子どもと蜀の未来を諸葛孔明に託した『白帝託孤』の故事で知られる白帝城。劉備は臨終に際して息子劉禅よりはるかに才能がある孔明に「劉禅の才能がなければ孔明が蜀の主となってほしい」と伝えた。これに対して孔明は「死ぬまで太子を支えます」と答え、のちの魏への北伐では劉禅に『出師の表』を捧げて劉備への忠義を示した。

CHINA
重慶

数々の名作を生んだ「詩城」

長江に臨み、瞿塘峡を見下ろす位置に立つ白帝城は、唐代の詩人李白や杜甫、白居易といった詩人に愛されてきた。中国最高の詩人にあげられる杜甫はこの白帝城に1年半滞在して400編もの詩をつくり、また杜甫にならび称される詩人李白はここで漢詩の傑作『早発白帝城』を詠んだ。

Sanxia 万州巫峡城市案内

杜甫『秋興八首』

玉露凋傷楓樹林　　玉露凋傷す楓樹の林

巫山巫峡気蕭森　　巫山巫峡気蕭森

江間波浪兼天湧　　江間の波浪は天を兼ねて湧き

塞上風雲接地陰　　塞上の風雲は地に接して陰る

叢菊両開他日涙　　叢菊両び開く他日の涙

孤舟一繋故園心　　孤舟一に繋ぐ故園の心

寒衣処処催刀尺　　寒衣処処刀尺を催し

白帝城高急暮砧　　白帝城高くして暮砧急なり

CHINA
重慶

李白『早発白帝城』

朝辞白帝彩雲間　朝に辞す白帝、彩雲の間

千里江陵一日還　千里の江陵、一日にして還る

両岸猿声啼不住　両岸の猿声、啼いてやまざるに

軽舟已過万重山　軽舟已に過ぐ万重の山

▲左 朝日を受けて川面を輝かせる長江。　▲右　長江を下るなかで「第一の峡」瞿塘峡

瞿塘峡 瞿塘峡 qú táng xiá チュウタンシィア ［★★★］

瞿塘峡は、白帝城から大渓にいたる全長8kmの峡谷。長さは三峡のなかでもっとも短いが、船乗りが細心の注意を払う長江最大の難所として知られてきた。とくに瞿塘峡西の入口にあたる夔門は天下雄の誉れがあり、その後も両岸から断崖がせまり、荒々しく変化に富む景色が続く。唐代、この地を訪れた白居易は『夜入瞿塘峡』で「瞿塘天下険／夜上信難哉／岸似雙屏合／天如匹練開」と詠んでいる（今の忠県にあたる忠州刺史に任じられた白居易は長江をさかのぼって着任した）。

CHINA
重慶

大渓文化遺址 大渓文化遗址
dà xī wén huà yí zhǐ ダァシィウェンファアイィチィ [★☆☆]

瞿塘峡と巫峡のあいだに位置する大渓文化遺址。1958年、ここで今から6500年前の新石器時代の遺構が発見された（稲作跡も確認されている）。また1980年代の三峡ダムの工事中、巫峡の近くで大渓文化遺址をはるかにさかのぼる200万年前の人間（巫山原人）の歯の化石が発見された。長江流域での古代文明の存在は、黄河中流域を中国文明の揺籃の地と見ていた当時の常識をくつがえすものとなった。

▲左　長江の港では荷物が陸揚げされる。　▲右　長江へ注ぐ支流の大寧河、小三峡として人気が高い

小三峡 小三峡 xiǎo sān xiá シャオサンシィア［★★☆］

大寧河がつくる峡谷、竜門峡、巴霧峡、滴翠峡から構成される小三峡。三峡ダムの建設で景観が変わった三峡地区のなかで、新たに注目されるようになった。小三峡の川底が浅いところから、巫山の街で小さな船に乗り換え、渓流をさかのぼる。小三峡の美しさは「三峡にあらずして、三峡に勝る」とも言われ、小三峡の上流部では紀元前から巴文化が栄えていたことでも知られる。紀元前5世紀ごろの崖のくぼみに死者を葬った木棺（長江流域では山のうえから吊りさげるこのような埋葬方法が見られた）、断崖に穴をうがってつくる古桟

【地図】小三峡

【地図】小三峡の [★★★]
- 巫峡 巫峡ウゥシィア
- 瞿塘峡 瞿塘峡チュウタンシィア

【地図】小三峡の [★★☆]
- 小三峡 小三峡シャオサンシィア
- 小小三峡 小小三峡シャオシャオサンシィア
- 白帝城 白帝城バイディイチャン

【地図】小三峡の [★☆☆]
- 大昌 大昌ダァチャン
- 寧廠鎮 宁厂镇ニンチャンチェン
- 奉節 奉节フェンジエ

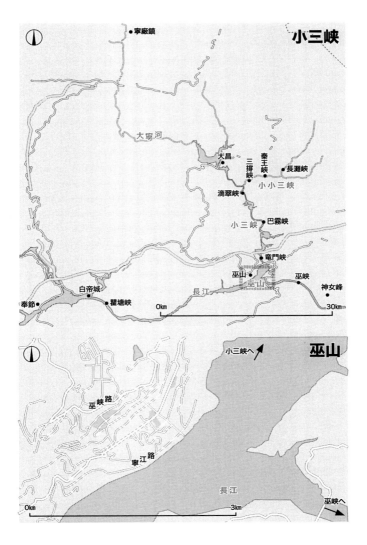

CHINA
重慶

道のあとが残っている。

小小三峡 小小三峡
xiǎo xiǎo sān xiá シャオシャオサンシィア [★★☆]

巫山から大寧河を50kmさかのぼった地点、小三峡に注ぐ小さな支流の馬渡河に位置する小小三峡(三撑峡、秦王峡、長灘峡)。三峡ダムの建設で水位があがったことでより魅力的な景観を見せるようになった。

▲左　小型船に乗り換えて小三峡を進む。　▲右　悠久の流れを見せる長江、船が行き交う

大昌 大昌 dà chāng ダァチャン ［★☆☆］

河口から60km離れた大寧河の上流に位置する大昌。ここは紀元前から巴国の中心地がおかれ、各地の物資の交易をとりもつことで繁栄を見せていた（巴国は三峡の巫山にあった徐氏の統治した国だったと伝えられ、湖北省を故地とし、夏代に長江を西にさかのぼって国を開いたと伝えられる）。三峡ダムの完成で古い街は沈み、新たな街が姿を現した。

CHINA
重慶

寧廠鎮 宁厂镇 níng chǎng zhèn ニンチャンチェン [★☆☆]
古代巴国時代から要地として知られてきた寧廠鎮。この寧廠鎮には塩分をふくんだ地下水がわく井戸があり、ここでは数千年に渡って塩づくりが行なわれてきた（岩塩を吸収した水を窯で煮ることで製塩した）。巴国の経済を支えていたと考えられ、広く長江流域でこの寧廠鎮の塩が取引された。

巫峡 巫峡 wū xiá ウゥシィア [★★★]
重慶市巫山から湖北省官渡口（巴東）にかけて45km続く巫峡。両岸に切り立った絶壁がせまり、長江北岸と南岸にそれぞれ

Sanxia 万州巫峡城市案内

▲左　三峡下りを愉しむ人々。　▲右　巫峡、長江両岸から山がせり出している

6峰ずつ巫山十二峰が連なる（北岸に登竜峰、聖泉峰、朝雲峰、望霞峰、松巒峰、集仙峰、南岸に飛鳳峰、翠屏峰、聚鶴峰、浄壇峰、起雲峰、上昇峰と続き、北側はすべて見えるが、南側は長江からは最初の3つしか見えない）。峡谷が美しい景観を見せるなか、神女峰や孔明の碑も位置する。詩人陳子昂は『度荊門望楚』で「遥遥去巫峡（遥々巫峡を去り）/望望下章台（望々章台を下る）/巴国山川尽（巴国の山川尽き）/荊門煙霧開（荊門、煙霧開く）」と詠んでいる。

CHINA
重慶

天女にまつわる伝説

巫山十二峰のひとつ望霞峰は、そのいただきに乙女が立っているような石があることから神女峰とも呼ばれる(望霞峰は、朝に霞がかかることにちなむ)。巫峡のあたりには天女にまつわる伝説がいくつも残り、天女が下界に降りてきて楚の襄王と一夜を交わしたというもの(長江流域は春秋戦国時代の楚にあたる)、また神女峰の神女は西王母の娘で、兎の治水事業に助力したとも言われる。神女は朝に雲となり、夕に雨となって姿を現すという。

Guide,
Ba Dong-San Xia Da Ba
巴東三峡ダム
城市案内

CHINA
重慶

「三峡を見ざれば長江を語れず」
巫峡を抜けた長江は湖北省へ到達する
山間から湖北平原へ出る悠久の流れ

神農渓 神农溪 shén nóng xī シェンノンシィイ ［★☆☆］

巫峡を抜けた官渡口に流れこむ神農渓。神話上の農業神である神農がこの流れの上流に棲んでいたと言われ、自生する草を採集して薬草をつくり信仰を集めるようになった（茶を飲んで解毒した）。神農渓のあたりは美しい自然が広がり、少数民族土家族の人々が暮らしている。

舟引き豌豆角

川底の浅い場所では、エンジン付きの大型船は入ることができず、昔ながらの木造船が使われてきた（えんどう豆のさや

Sanxia 巴東三峡ダム城市案内

のような豌豆角と呼ばれる船が活躍した)。とくに浅瀬や激流では長い竿を利用して進む、人夫が船を降りて掛け声をあわせて綱で船をひくといった光景が見られた。これらの仕事は地元の土家族のあいだで代々受け継がれてきた職業で、裸になった人々がロープをひく様子はかつて長江各地の難所で見ることができた（場所によっては15kmも船をひくことがあったという）。現在はおもに観光船をひくようになっている。

【地図】巴東〜三峡ダム

【地図】巴東〜三峡ダムの [★★★]
- [ ] 西陵峡 西陵峡シィイリンシィア
- [ ] 巫峡 巫峡ウゥシィア
- [ ] 瞿塘峡 瞿塘峡チュウタンシィア

【地図】巴東〜三峡ダムの [★★☆]
- [ ] 小三峡 小三峡シャオサンシィア
- [ ] 白帝城 白帝城バイディイチャン
- [ ] 三峡ダム 三峡大坝サンシィアダァアバア

【地図】巴東〜三峡ダムの [★☆☆]
- [ ] 神農渓 神农溪シェンノンシィイ
- [ ] 巴東 巴东バァアドン
- [ ] 屈原祠 屈原祠チュゥユゥエンツー
- [ ] 香渓 香溪シィアンシィイ
- [ ] 興山 兴山シンシャン
- [ ] 宜昌 宜昌イィチャン
- [ ] 荊州 荆州ジンチョウ

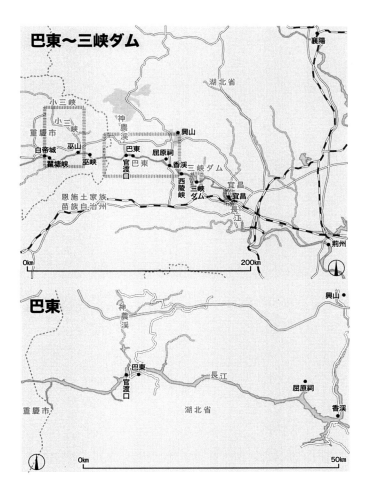

CHINA
重慶

巴東 巴东 bā dōng バァアドン ［★☆☆］

巴東は巫峡を抜けたところにある湖北省の港町で、巴国の東側に位置することからこの名前がつけられた。古い街は三峡ダムの完成で水中に沈んだが、現在、長江の南北を結ぶ巨大な長江大橋がかかっている。

屈原祠 屈原祠 qū yuán cí チュゥユゥエンツー ［★☆☆］

中国最高の詩人にもあげられる屈原は、現在の湖北省西部、三峡そばのこの地で生まれ育った。ときは春秋戦国時代、長江流域には楚国があり、屈原は官吏として宮仕えをしていた。

Sanxia 巴東三峡ダム城市案内

▲左　かつて水深のない場所では人夫が綱で船をひいた。　▲右　三峡の水位があがったことで、新たな名所も現れた

楚の国は広大な領土をもち、物資も豊富だったが、やがて西方の大国秦が力を伸ばしてきた（楚は長江の水運を利用できたところから東西に面積が広かった）。屈原は内政改革を進め、斉などと連合して秦にのぞむことを主張したが、宮廷の一派にうとまれ、やがて放逐された。屈原は絶望して川に身を投じたが、屈原とその弟子たちなどが編んだ『楚辞』は『詩経』とならぶ中国古代詩として知られ、国家の危機にあたって屈原が繰り返し読まれるようになった。屈原祠の東方には屈原紀念館も位置するほか、西周代にはこのあたり（秭帰）に楚の都がおかれていた。

CHINA
重慶

屈原と端午の節句

ちまきを食べ、竜船競漕が行なわれる端午節。この端午節は屈原が汨羅(川)に身を投げたという旧暦の5月5日にちなみ、屈原が身を投げたと聞いた人々が競って船をこぎ、屍を守ろうとしたことが竜船競漕のはじまりだという。また、もち米を草の葉に包んでちまきを川に投げ入れるのは屈原の屍を食べさせないようにするためだとされる(端午節のころ、葉や茎が成長して薬用に使えるようになる。ショウブをかけ、酒をまくことは病気の予防によい)。実際、こうした習慣は呉越の地では古くから行なわれていたが、宋代、端午節には屈

原を記念するようにと朝廷からのおふれがあって広まったのだという。

香渓 香渓 xiāng xī シィアンシィイ ［★☆☆］
香渓河が長江に流れこむ地に開けた香渓の街。中国絶世の美女として知られる王昭君が水浴びをしたところ、たちまちよい香りがただよったことからこの名前がつけられた。紀元前、香渓の街の上流で王昭君は生まれた。

CHINA
重慶

興山 兴山 xīng shān シンシャン ［★☆☆］

長江から香渓河の上流に位置する興山は、王昭君の故郷「美人の里」として知られる（春秋時代の西施、前漢の王昭君、後漢の貂蝉、唐の楊貴妃が中国四大美女）。王昭君の生まれた宝瓶村（昭君村）の住民の多くが王姓をもち、王昭君にまつわる博物館が立つ。

Sanxia 巴東三峡ダム城市案内

▲左 どこまでも続く流れ、長江は龍にたとえられる。　▲右 崖に木棺を安置するこの地方の文化

匈奴に嫁いだ王昭君

王昭君は前漢の元帝の宮女だったが、後宮の数があまりにも多かったので、皇帝は絵師に描かせた肖像画を見て夜の相手を選んでいた。後宮たちは競って絵師に賄賂を送って自分を売り込んだので、王昭君は皇帝の目にふれることがなかった。紀元前33年、前漢では北方の匈奴との和親政策のために後宮の女性を差し出すことになり、王昭君が選ばれた。皇帝ははじめてみる王昭君の美しさに驚いたが、ときすで遅く呼韓邪単于の妻として王昭君は彼の地で骨を埋めた。

西陵峡 西陵峡 xī líng xiá シィイリンシィア ［★★★］

瞿塘峡、巫峡から続く三峡のうち、もっとも下流に位置する西陵峡。香渓から南津関までの66km続く。曲がりくねった激しい流れをもつことから、三峡でも難所として知られてきた。西陵峡では奇岩や美しい景観が続く黄牛峡が見られるほか、神話時代の禹王を助けた聖なる牛がまつられた黄陵廟も残っている（諸葛孔明が再建させた）。

▲左　三峡ダムの建設に活躍した巨大なブルドーザー。　▲右　世界最大規模の三峡ダム、莫大な電力を生む

三峡ダム 三峡大坝
sān xiá dà bà サンシィアダァアバア [★★☆]

三峡ダムは高さ185m、長さ1983mの世界最大のダムで、湖北省宜昌から600km上流の重慶までが貯水池となっている。長江の流れをせきとめ、水力発電を行なうというプランは、1919年に孫文によって提唱され、以来、調査、設計、実験が繰り返されて2009年に完成した（また洪水対策、農業用水の確保の目的もあった）。三峡ダムの完成で長江の水位があがり、多くの街や村が水没して生態系も変化し、三峡の景観も変わってしまった。一方で1万トン級の船舶が重慶まで

【地図】三峡ダム

【地図】三峡ダムの [★★☆]
- [ ] 三峡ダム 三峡大坝サンシィアダァアバア

CHINA
重慶

三峡ダム

Sanxia 巴東三峡ダム城市案内

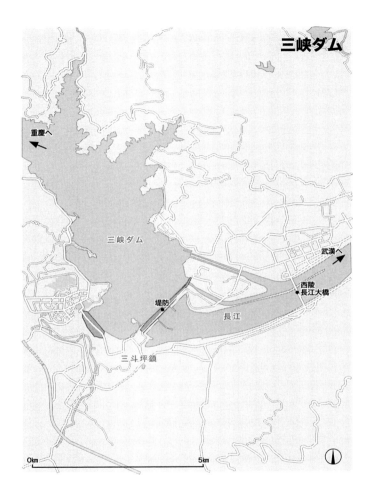

CHINA
重慶

遡行できるようになり、長江は龍頭にあたる上海、龍腹の武漢、龍尾の重慶を結ぶ黄金水道となったとも言われる。三峡ダムの水位落差は113mあることから、5段階の水門で船の往来が管理されている。

巨大ダムの建設と誕生

宜昌から重慶までを巨大なダムとする三峡ダム
万里の長城の建設にもたとえられた
前代未聞の国家プロジェクト

超国家計画

長江は紀元前185年から1911年までのあいだに200回以上もの洪水を引き起こしてきた（1954年には100年に一度の大洪水が発生し、武漢、南京などで3万人の死者を出した）。中国では古くから「水を制する者が天下を制する」と言われ、孫文が1919年に提出した実業計画以来、綿密な地質調査、それまでにない巨大なダム建設に耐えうる設計案が練られてきた。また「更立西江石壁」（長江の西部に石壁が新たに立つ）と述べるなど、毛沢東も三峡プロジェクトに興味を示してきた。1992年に三峡ダムプロジェクトの着工が決まり、2009年に完成した。

CHINA
重慶

なぜこの地が選ばれたか

三峡ダムは宜昌から40km上流にさかのぼった三斗坪に建設された。この地が選ばれたのは、三峡地域のなかでもっとも強固な花崗岩の地盤をもつためで、適切な場所はここしかなかったという(三峡地域の多くが山稜にしめられ、しかももろい石灰岩が多かった)。ダムの建設と同時に、長江の豊富な水量を活かすため、北京や華北方面に長江の水を送ることも考えられた(「南水北調」)。

▲左　完成までに多くの苦難があった。　▲右　どのようにしてダムが築かれたか展示が見られる

重慶直轄市の誕生

巨大ダムの建設で長江流域の街や農村が多く水没し、113万人もの住民が立ち退かなくてはならない状況になった。この移住民の新たな住宅や雇用対策、農地確保を行なうため、重慶は周辺の街をあわせて中国第4の直轄市となり、「三峡庫区百万移民」「扶貧」「老工業基地改造」「生態環境保護」がかかげられた（当初、三峡省の設置も検討されたが、四川省と湖北省の思惑の相違から重慶直轄市が設立された）。湖北省、湖南省、江西省、安徽省など幅広い地域に移住者が出たが、重慶市の移住者が全体の85％を占め、人口3000万人の巨大な市域が誕生した。

Guide,
Yi Chang-Wu Han
宜昌武漢
城市案内

重慶から長江をくだって 650 km
三峡下りの終着点、湖北省の宜昌
ここから下流地域には広大な平野が開けている

宜昌 宜昌 yí chāng イィチャン ［★☆☆］

宜昌は湖北省と四川省を結ぶ水上交通の要衝。三峡ダムの下流 40km、長江の北岸に位置し、三峡下りの終着点にもなっている。宜昌から下流の長江はより雄大な姿を見せ、多くの汽船が行き交っている。また葛洲壩ダムが位置する。

水上交通で結ばれる街

陸上交通が発達する以前の長江流域では、河川交通がほとんど唯一の水路となっていた（南中国では水上交通によって産業や文化が伝播した）。この長江の水利に注目したのが近代

【地図】宜昌の [★☆☆]
□ 宜昌 宜昌イィチャン

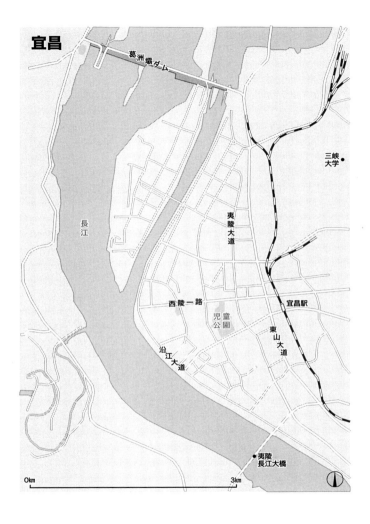

CHINA
重慶

▲左　三峡ダムのすぐ下流に位置する宜昌。　▲右　三峡を過ぎると人、言葉、料理が変わる

のイギリスで、19世紀、上海から重慶にいたる通商権を獲得して内陸中国にも進出した。やがて伝統的なジャンク船に代わって蒸気船が行き交い、自動車や石炭を満載した貨物船が長江を往来するようになった。長らく大型船は宜昌までしか遡行できなかったが、三峡ダムの完成とともに重慶にも大型船が到達できるようになった。重慶、宜昌、武漢、南京、上海といった都市が長江の流れで結ばれ、黄金水道の名で呼ばれている。

【MEMO】

荊州 荆州 jīng zhōu ジンチョウ [★☆☆]

荊州は春秋戦国時代に楚の都がおかれた歴史をもつ古都。長江や運河で各地へ通じる要地で、南の湖南省、西の四川省と省都武漢を結ぶ地点に位置する。三国時代、荊州をめぐって激しい争いがあったことでも知られ、「兵家必争の地」と言われてきた。

▲左　甘さのある武漢料理、四川料理と明確に異なる。　▲右　美しいたたずまいを見せる武漢の黄鶴楼

武漢 武汉 wǔ hàn ウゥウハァン ［★★★］

長江と漢江が合流する湖北省の省都、武漢。武昌、漢陽、漢口の３つの街をあわせてひとつの巨大都市を構成し、この省の政治、文化、経済の中心地となっている。東西を結ぶ長江の水利、また南北を結ぶ鉄道京広線が交わる要地で、中国の代表的な工業都市として知られる。重慶、南京とならぶ三大火炉（かまど）にあげられる灼熱の夏がめぐる気候をもつ。

【地図】宜昌～武漢

【地図】宜昌～武漢の［★★★］
- [ ] 武漢 武汉ウゥウハァン

【地図】宜昌～武漢の［★★☆］
- [ ] 三峡ダム 三峡大坝サンシィアダァアバア

【地図】宜昌～武漢の［★☆☆］
- [ ] 宜昌 宜昌イィチャン
- [ ] 荊州 荆州ジンチョウ

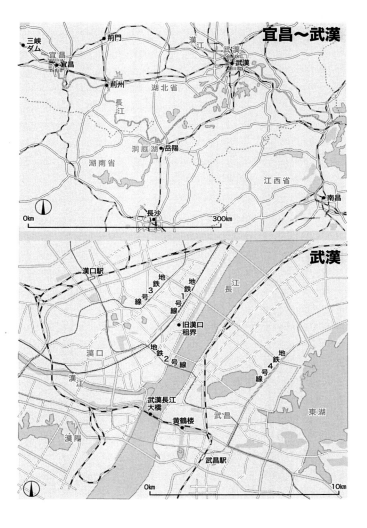

歴史と
文学
堪能の旅

三峡が三国時代の呉と蜀をわけたように
三峡の上流と下流では人々の文化、習慣は大きく違っている
名勝や古跡が多く残る三峡沿岸

巴の文化

古代、三峡から重慶にかけては巴と呼ばれ、この地域は漢族とは異なる民族が暮らす地があった。巴に暮らしていた巴人は、長江を行き交う漁労の民だったと考えられ、稲作や漁業、交易を生業としていた。また三峡近郊では今でも鵜飼いが行なわれ、歌垣や文身断髪などとともに、長江流域から雲南省、東南アジア北部と西日本に共通して見られる習俗が残っている（この古代倭族の文化は、照葉樹林文化の名前でも呼ばれる）。

CHINA
重慶

三国志と三峡

劉備玄徳は河北の袁紹のもとに関羽、張飛とともに身を寄せていたが、やがて曹操の力が強まるなか、荊州（湖北省）の劉表の客人となった。207年、ここで劉備玄徳は諸葛孔明と出会い、三峡を越えて蜀に入り、華北の魏と江南の呉と天下をわける「天下三分の計」を説かれた。華北を平定した曹操が南方遠征に出発しようとしたところ、荊州の劉表が病死し、208年、劉備は呉の孫権と同盟を結んで曹操を迎え撃った（赤壁の戦い）。曹操を破ったあと劉備玄徳は三峡をさかのぼって四川盆地に入り、蜀を建国したが、依然、荊州をめぐって

歴史と文学に彩られた三峡

3世紀、三国時代の魏呉蜀の領土と
8世紀、唐代の詩人李白と杜甫のルート

CHINA
重慶

孫権と対立が続いていた。荊州を守っていた関羽が呉軍に殺されると、その仇討ちのために劉備は成都から長江をくだったが、夷陵の戦い（宜昌）で返り討ちにあい、白帝城に退却して223年、その生を終えた。

詩人たちが詠んだ三峡

音韻や技法などが洗練され、中国詩の最高峰にあげられる唐詩。三峡の美しい景観は唐代の詩人に愛され、いくつもの名作が現在に伝えられている（詩情を醸し出す猿やホトトギスの鳴き声は長江流域のものだった）。とくに玄宗皇帝の時代、

Sanxia 歴史と文学堪能の旅

安史の乱を逃れるように放浪を続けた詩聖杜甫は、四川から長江を下り、白帝城に居を構えて多くの詩を詠んだ(三峡下流の洞庭湖付近、船上で生涯を終えたとされる)。またその杜甫よりも10歳年上で、杜甫とならび称される詩仙李白も25歳のとき、蜀の清渓から長江を下り、そのとき『峨眉山月歌』を残している。「峨眉山月半輪秋(峨眉山月半輪の秋)／影入平羌江水流(影は平羌江水に入って流る)／夜発清渓向三峡(夜清渓を発して三峡に向かう)／思君不見下渝州(君を思えども見えず渝州に下る)」。

参考文献

『三峡ダム 建設の是非をめぐっての論争』(戴晴・鷲見一夫 / 築地書館)

『古代中国と倭族』(鳥越憲三郎 / 中央公論新社)

『中国長江歴史の旅』(竹内実 / 朝日新聞社)

『長江物語』(飯塚勝重 / 大修館書店)

『長江流域経済圏の研究』(出江秋利 / 同文舘)

『唐詩』(村上哲見 / 講談社)

『地獄変 中国の冥界説』(澤田瑞穂 / 平河出版社)

『悠久の長江三峡』(日本放送出版協会 / NHKソフトウエア)

『世界大百科事典』(平凡社)

[PDF] 重慶地下鉄路線図 http://machigotopub.com/pdf/chongqingmetro.pdf

[PDF] 重慶空港案内 http://machigotopub.com/pdf/chongqingairport.pdf

まちごとパブリッシングの旅行ガイド

Machigoto INDIA , Machigoto ASIA , Machigoto CHINA

【北インド - まちごとインド】

001 はじめての北インド
002 はじめてのデリー
003 オールド・デリー
004 ニュー・デリー
005 南デリー
012 アーグラ
013 ファテープル・シークリー
014 バラナシ
015 サールナート
022 カージュラホ
032 アムリトサル

【西インド - まちごとインド】

001 はじめてのラジャスタン
002 ジャイプル
003 ジョードプル
004 ジャイサルメール
005 ウダイプル
006 アジメール（プシュカル）
007 ビカネール
008 シェカワティ
011 はじめてのマハラシュトラ
012 ムンバイ
013 プネー
014 アウランガバード
015 エローラ
016 アジャンタ
021 はじめてのグジャラート
022 アーメダバード
023 ヴァドダラー（チャンパネール）

024 ブジ（カッチ地方）

【東インド - まちごとインド】

002 コルカタ
012 ブッダガヤ

【南インド - まちごとインド】

001 はじめてのタミルナードゥ
002 チェンナイ
003 カーンチプラム
004 マハーバリプラム
005 タンジャヴール
006 クンバコナムとカーヴェリー・デルタ
007 ティルチラパッリ
008 マドゥライ
009 ラーメシュワラム
010 カニャークマリ
021 はじめてのケーララ
022 ティルヴァナンタプラム
023 バックウォーター（コッラム〜アラップーザ）
024 コーチ（コーチン）
025 トリシュール

【ネパール - まちごとアジア】

001 はじめてのカトマンズ
002 カトマンズ
003 スワヤンブナート

004 パタン
005 バクタプル
006 ポカラ
007 ルンビニ
008 チトワン国立公園

【バングラデシュ - まちごとアジア】

001 はじめてのバングラデシュ
002 ダッカ
003 バゲルハット（クルナ）
004 シュンドルボン
005 プティア
006 モハスタン（ボグラ）
007 パハルプール

【パキスタン - まちごとアジア】

002 フンザ
003 ギルギット（KKH）
004 ラホール
005 ハラッパ
006 ムルタン

【イラン - まちごとアジア】

001 はじめてのイラン
002 テヘラン
003 イスファハン
004 シーラーズ
005 ペルセポリス
006 パサルガダエ（ナグシェ・ロスタム）
007 ヤズド
008 チョガ・ザンビル（アフヴァーズ）
009 タブリーズ
010 アルダビール

【北京 - まちごとチャイナ】

001 はじめての北京
002 故宮（天安門広場）
003 胡同と旧皇城
004 天壇と旧崇文区
005 瑠璃廠と旧宣武区
006 王府井と市街東部
007 北京動物園と市街西部
008 頤和園と西山
009 盧溝橋と周口店
010 万里の長城と明十三陵

【天津 - まちごとチャイナ】

001 はじめての天津
002 天津市街
003 浜海新区と市街南部
004 薊県と清東陵

【上海 - まちごとチャイナ】

001 はじめての上海
002 浦東新区
003 外灘と南京東路
004 淮海路と市街西部
005 虹口と市街北部
006 上海郊外（龍華・七宝・松江・嘉定）
007 水郷地帯（朱家角・周荘・同里・甪直）

【河北省 - まちごとチャイナ】

001 はじめての河北省
002 石家荘
003 秦皇島
004 承徳
005 張家口
006 保定
007 邯鄲

【江蘇省 - まちごとチャイナ】

001 はじめての江蘇省
002 はじめての蘇州
003 蘇州旧城
004 蘇州郊外と開発区
005 無錫
006 揚州
007 鎮江
008 はじめての南京
009 南京旧城
010 南京紫金山と下関
011 雨花台と南京郊外・開発区
012 徐州

【浙江省 - まちごとチャイナ】

001 はじめての浙江省
002 はじめての杭州
003 西湖と山林杭州
004 杭州旧城と開発区
005 紹興
006 はじめての寧波
007 寧波旧城
008 寧波郊外と開発区
009 普陀山
010 天台山
011 温州

【福建省 - まちごとチャイナ】

001 はじめての福建省
002 はじめての福州
003 福州旧城
004 福州郊外と開発区
005 武夷山
006 泉州
007 厦門
008 客家土楼

【広東省 - まちごとチャイナ】

001 はじめての広東省
002 はじめての広州
003 広州古城
004 天河と広州郊外
005 深圳（深セン）
006 東莞
007 開平（江門）
008 韶関
009 はじめての潮汕
010 潮州
011 汕頭

【遼寧省 - まちごとチャイナ】

001 はじめての遼寧省
002 はじめての大連
003 大連市街
004 旅順
005 金州新区

006 はじめての瀋陽
007 瀋陽故宮と旧市街
008 瀋陽駅と市街地
009 北陵と瀋陽郊外
010 撫順

【重慶 - まちごとチャイナ】

001 はじめての重慶
002 重慶市街
003 三峡下り(重慶〜宜昌)
004 大足

【香港 - まちごとチャイナ】

001 はじめての香港
002 中環と香港島北岸
003 上環と香港島南岸
004 尖沙咀と九龍市街
005 九龍城と九龍郊外
006 新界
007 ランタオ島と島嶼部

【マカオ - まちごとチャイナ】

001 はじめてのマカオ
002 セナド広場とマカオ中心部
003 媽閣廟とマカオ半島南部
004 東望洋山とマカオ半島北部
005 新口岸とタイパ・コロアン

【Juo-Mujin(電子書籍のみ)】

Juo-Mujin 香港縦横無尽
Juo-Mujin 北京縦横無尽
Juo-Mujin 上海縦横無尽

【自力旅游中国 Tabisuru CHINA】

001 バスに揺られて「自力で長城」
002 バスに揺られて「自力で石家荘」
003 バスに揺られて「自力で承徳」
004 船に揺られて「自力で普陀山」
005 バスに揺られて「自力で天台山」
006 バスに揺られて「自力で秦皇島」
007 バスに揺られて「自力で張家口」
008 バスに揺られて「自力で邯鄲」
009 バスに揺られて「自力で保定」
010 バスに揺られて「自力で清東陵」
011 バスに揺られて「自力で潮州」
012 バスに揺られて「自力で汕頭」
013 バスに揺られて「自力で温州」

【車輪はつばさ】
南インドのアイラヴァテシュワラ寺院には建築本体に車輪がついていて寺院に乗った神さまが人びとの想いを運ぶと言います。

・本書はオンデマンド印刷で作成されています。
・本書の内容に関するご意見、お問い合わせは、発行元の
　まちごとパブリッシング info@machigotopub.com までお願いします。

まちごとチャイナ
重慶003三峡下り（重慶～宜昌）
～長江「悠久」［モノクロノートブック版］

2017年11月14日　発行

著　者	「アジア城市（まち）案内」制作委員会
発行者	赤松　耕次
発行所	まちごとパブリッシング株式会社
	〒181-0013　東京都三鷹市下連雀4-4-36
	URL　http://www.machigotopub.com/
発売元	株式会社デジタルパブリッシングサービス
	〒162-0812　東京都新宿区西五軒町11-13
	清水ビル3F
印刷・製本	株式会社デジタルパブリッシングサービス
	URL　http://www.d-pub.co.jp/

MP102

ISBN978-4-86143-236-1 C0326　　　Printed in Japan
本書の無断複製複写（コピー）は、著作権法上での例外を除き、禁じられています。